Paul von Eitzen

Leichpredigt in dem Begräbnis des Durchleuchtigen hochgebornen

Fürsten und Herrn, Herrn Friderichen, Hertzogen zu Schleswig,

Holstein

Paul von Eitzen

Leichpredigt in dem Begräbnis des Durchleuchtigen hochgebornen Fürsten und Herrn, Herrn Friderichen, Hertzogen zu Schleswig, Holstein

ISBN/EAN: 9783743493087

Hergestellt in Europa, USA, Kanada, Australien, Japan

Cover: Foto ©ninafisch / pixelio.de

Paul von Eitzen

Leichpredigt in dem Begräbnis des Durchleuchtigen hochgebornen Fürsten und Herrn, Herrn Friderichen, Hertzogen zu Schleswig, Holstein

M.t Tiroler fecit

Leichpredigt

Jn der Begrebnis

des Durchleüchtigen Hochgebornen
Fürsten vnd *Herrn* / *Herrn* F R I D E R I-
C H E N / Erben zu Norwegen / Hertzogen zu
Schleßwig / Holstein / Stormarn vnd der
Dithmarschen / Graffen zu Altenburg vnd
Delmenhorst / Hochlöblichster / Gottseliger /
Christlicher gedechtniß / So in diesem 1587.
Jare am 15. Tage Junij Morgens nach
Zehen Seliglichen im HErrn Jesu
Christo ist entsch-
laffen.

Durch

Paulum von Eitzen D. den
Eltern. 27. Julij.

Getruckt zu Schleßwig / durch
Nicolaum Wegener.

Also stehet geschrie-

ben im Buch der Weißheit
am vierden Capittel.

Er Gerechte ob er gleich zu zeitlich stirbet ist er doch in der ruge
(den das Alter ist ehrlich nicht
das lange lebet oder viel Jahre hat /
Klugheit vnter den Menschen ist das
rechte grawe Har / vnd ein vnbeflecket
Leben ist das rechte Alter) Denn er gefelt Gott wol vnd ist jhm lieb / vnd wird
weggenommen aus dem Leben vnter
den Sündern / vnd wird hingeruckct /
das die bößheit seinen verstand nicht
verkere / noch falsche Lere seine Seele betriege / denn die bösen Exempel verfüren
vnd verderben einem das gutt / vnd die
reitzende lust verkeret vnschüldige Hertzen / Er ist bald volkomen worden / vnd

A ij   hat

hat viele Jar erfüllet / denn seine Seele gefelt Gott darumb eilet er mit jm aus dem bösen Leben.

Aber die Leüte so es sehen / achtens nicht vnd nemens nicht zu Hertzen / Nemlich das die Heiligen Gottes in gnade vnd Barmhertzigkeit sind / vnd das er auffsehen auff seine Außerwelten hat.

ANdechtigen lieben Christen dis ist nu das dritte schwere Creütze / damit der Himlische Vater in dreien viertheil Jaren vnsere Gnedige Hochbetrübte Fürstin vnd Fraw / auch vnsere Gnedigste vnd Gnedige Hochbetrübte Fürsten vnd Herrn / Fürstinnen vnd Frewlin besucht hat. Nemlichen das zum ersten jhre Fürstliche Gnaden haben verloren jhren Hertzallerliebesten Herrn Gemahl vnd Herrn Vater vnsern Gnedigen Fürsten vnd Herrn / Darnach im andern viertheil Jares jhrer F. G. Hertzallerliebeste Tochter vnd Schwester Frewlin *ELIZABET*, vnsere Gnedigen Fürstin vnd Frewlin / vnd

vnd nun im dritten viertheil Jares auch ihrer F. Gnad. Hertzallerliebesten Sohn / vnd Herrn Bruder vnseren auch gnedigen Fürsten vnd Herrn / alle samptlichen vnd sonderlich Hochstlöblicher Christlicher Gottseliger vnd Heiliger gedechtnuß / Welche drei schwere Creütze hochst gedachter vnser Gnedigen Fürstin vnd Frawen / vnd vnserer Gnedigsten vnd Gnedigen Fürsten vnd Herrn / Fürstinnen vnd Frewlin / vns billich sollen durch vnsere Hertzen dringen / nach der Vermanung des heiligen Apostels / das die Christen mit den weinenden sollen weinen / das ist mit den betrübten sollen betrübt sein / vnd ohne das auch ja ein ieder Christlicher Vnterthane hohes vnd nidriges Standes in diesen gemeinen Creützen seine eigene schwere betrübniß im Hertzen fület / Wan ein ieder recht vmbdenckt was wir in diesen dreien viertheiln Jares an Hochstgedachten vnsern Gottseligen Gnedigen Fürsten vnd Herrn verlorn haben. Dadurch dann ein ieder frommer Christ soll erwecket werden zum embsigem Gebete / vnd anruffung Gottes des Himlischen Vaters / im Namen seines lieben Sons Jesu Christi vnsers getrewen Herrn vnd Mitlers / das er hochstgedachte vnsere Gne

dige

dige hochbetrübte Herrschafft durch den Heiligen Geist / der der rechte Tröster ist / in jhrer
F. G. schweren Creützen vnd trübniß wolle mit
warhafftigem Troste krefftiglich trösten / vnd
in vastem bestendigem Glauben vnd Christlicher gedult gnediglich erhalten/ das jhre F. Gnad.
die schwere trübnis durch warhafftigen kreffti-
gen Trost des Heiligen Geistes in bestendigem
Glauben an den Herrn Jesum Christum oberwinden mügen.

Wan wir also in diesem kleglichem zustand
vor hochstgedachte vnsere Hochbetrübte Herrschafft beten vnd bitten / So beten vnd bitten
wir auch zugleich mit vor vns / das gleich als
wir aus Christlicher vntertheniger schüldiger
pflicht vnd liebe / mit warem Hertzlichen mitleiden jhrer F. G. trübniß theilhafftig sein / also
auch durch die gnade vnd hülffe des Heiligen
Geistes/ mit jhren F. G. des warhafftigen Trostes im HErrn Jesu Christo mügen theilhafftig
werden. In welchem vnserm teglichen Gebete
wir auch nicht sollen vergessen / den getrewen
Gott vnsern lieben Himlischen Vater mit warem seüfftzen vnd schreien vnser Hertzen ohn vn-
terlas zu bitten / das er nach seiner grundtlosen

Barm-

Barmhertzigkeit / vmb seines lieben Sons Jesu Christi willen/ vnsere vielfaltige Sünde darmit wir durch vnsere vnbußfertig Leben seinen rechtfertigen Zorn vnd straffe verdienet haben / gnediglichen vns wolle verlassen vnd vergeben/ Vnd das er durch die gnade des Heiligen Geistes/ vnsere vnbußfertige Hertzen zu warer Busse im glauben an den HErrn Jesum Christum wolle bekeren / vnd die woluordiente schwere straffen/ welche sonsten ohn allen zweiffel folgen werden/ gnediglich wolle linderen vnd abwenden/ Dann also vermanet vns der Heilige Geist selbs von den vorstehenden straffen / die besonderen auff solcher Heiligen Gottseligen frommen Fürsten vnd Herrn tödtlichen abgang zubefürchten sein/ Esaie am 56. Capittel / die Gerechten werden weggeraffet vor dem vnglücke / Denn saget er im 26. Sihe der HErr wird ausgehen heim zu suchen die bößheit des Landes vber sie.

Derselbigen Exempeln nemlich wie gemeiniglichen auff solcher frommer Gottseliger Fürsten / Herrn / vnd Regenten tödtlichen abgang grosse straffen sind erfolget / finden wir beide in Göttlicher Schrifft / vnd anderen Historien / welche wie S. Paulus saget/ sind vnsere Figuren

ren vnd Bilden / vnd sind vns zur vermanunge vnd warnung furgeschrieben / auff das wir sollen in warer Busse vnd Glauben vns bekeren / den Barmhertzigen Gott vmb seine gnade fleissig anruffen / vnd durch hülffe des heiligen Geistes vnser Leben besseren / Wol denen die sich also solcher Exempel annemen / Wehe aber vnd Zeter vber die jenigen so solche gettrewe Vermanungen vnd Warnungen welche in den Exempeln furgestellet werden / verachten / vnd mit ihrem verstocktem vnbußfertigem Hertzen den Zorn Gottes vber sich selbst hauffen / auff den Tag des Zorns vnd Offenbarung des rechten Gerichtes Gottes.

Weil wir dan wissen das diese Heilige gegenwertige Leiche des Durchleüchtigen Hochgebornen Fürsten vnd *Herrn / Herrn FRIDE-RICHEN /* Erben zu Norwegen / Hertzogen zu Schleßwig / Holstein / Stormarn vnd der Dithmarschen / Graffen zu Altenburg vnd Delmenhorst vnsers gnedigen Fürsten vnd Herrn Hochstlöblicher Christlicher Gottseliger vnd Heiliger gedechtniß / mit welchem der Himlischer Vater in seiner Fürst. Gnad. bldientzen Jugend des angefangenen Zwentzigsten Jares /

also

also aus diesem Leben vnd böser Welt weggeeilet / vnd seine F. G. für dem vnglück zu sich abgefürdert hat / vns nu zum dritten Exempel in
diesen dreien viertheil Jares durch den wunderbarlichen Rath vnd willen des lieben Gottes ist
furgestellet / das wir vns dadurch sollen gegen
das vorstehende vnglück vnd straffe warnen /
vnd zur Busse vnd anruffung Gottes vermanen
lassen / Als wollen wir den vorgelesenen Text
aus dem Buche der Weißheit auffs einfeltigest
betrachten / daraus zu lernen wie wir in diesem
vnserm Creütze vnd betrübniß den wunderbarlichen Rath vnd willen / des lieben Gottes / vnsers Himlischen Vaters sollen bedencken / beide
zu vnserm warhafftigem Trost / vnd auch zu
vnser warnung vnd Vermanung / Dann der
Heilige Geist durch den weisen Man gleich als
mit Fingern vns weiset auff dis heilig Exempel/
nicht anders als wenn er vns also anspreche.
Ihr fromen Christen hohes vnd nidriges standes / Herrn vnd Vnterthanen seid allzumal
trawrich vnd betrübet / vnd verwundert euch /
wie doch der liebe Gott sey dazu kommen / das
er diesen fromen Hochstlöblichen Heiligen Fürsten vnd Herrn also schnel vnd eilends in seiner

B   Fürst-

Fürstlicher blühender Jugend aus dem ersten
anfange seiner Christlichen Regierung hat von
Euch abgefürdert vnd zu sich in das ewige Himlische Leben weggenommen / Der von seiner F.
G. Hertzallerliebesten Herrn Vater / vnd Fraw
Mutter von Kindlichen Jaren hero also Fürst-
lich- vnd Christlich in Gottes furchten / zu allen
Fürstlichen vnd Christlichen Tugenden ist auff-
erzogen / Der nicht allein da heimen / sondern
auch in hoch berümpten hohen Vniuersiteten
von den fürnemesten vnd trefflichsten Gelar-
ten des Deutschenlandes die Fundamenta der
waren Christlichen Religion vnd Lere / zu de-
me auch Christlicher wolgeordenter vnd Recht-
messiger Regierung dermassen gefasset hatte /
das jederman sich des hohen verstandes in solcher Fürstlichen Jugend hat müssen verwun-
dern / vnd nicht gnugsam hat wissen zu rühmen vnd zu preisen / Der sich auch zu dem
Allmechtigen lieben Gott in seiner Fürstlich-
en Jugend biß in den Heiligen Abscheid also
Christlich vnd Gottselich mit fleissigem gehör
Göttliches Wortes / mit teglicher anruffung
Gottes vnd mit einem Christlichen Leben gehalten

halten · hat / Der seinen Hertzallerliebesten
Herrn Vater vnd Fraw Mutter also geehret
vnd geliebet / vnd jhnen mit gebürender Kindt-
licher Reuerentz gehorsam gewesen ist / Der
seiner Fürst. Gnad. Hertzallerliebesten Fraw
Mutter in Jrer Fürst. Gnad. betrübtem Wid-
wenstande also tröstlich / vnd seiner Fürst. Gn.
Hertzallerliebesten Herrn Gebrüdern vnd Sch-
western in warer Liebe also freündlich vnd hold-
selig gewesen ist / Der in seiner kurtzen Regierung den Vnterthanen sich also gnedig erzeiget hat / das seine Fürst. Gnad. von jedermen-
nigem hertzlich ist geliebet worden / Der die
ware Religion / vnd reine Lere des Christlich-
en Glaubens / also lieb gehat hat / vnd sich der
Kirchen vnd Schulen bald im anfange seiner
Fürstlichen Regierung also sorgfeltiglich vnd
getrewlichen angenommen hat / der biß in seinen Göttseligen Heiligen Abscheid solch ein
vnstrefflich vnschüldig Leben gefüret hat / das
nicht das geringste an seiner Fürst. Gnad. Leben vnd wandel kan werden getadelt.

B ij   Der

Der auch von seiner F. G. Kindtlichen Jaren auff die Christliche gewonheit gehalten / das seine F. G. niemals auch in der Kindtheit einen Armen Menschen gesehen / sondern mit Barmhertzigem mitleiden befohlen / das jhme solte gegeben werden / Welchen Christlichen gebrauch seine F. G. auch in der Regierung behalten vnd mildiglich geübet / das nemblich seine F. G. wo dieselbige gewesen / oder gereiset / alle zeit den gnedigen befehl gethan / das kein Armer Mensch vngetröstet vnd vnbealmoset solte abgeweiset werden / welche Christliche Tugend der Son Gottes an seiner F. G. in der Aufferstehung der Todten wird loben rühmen vnd preisen laut seiner Wort / Matthei am 2 5. Capittel.

Auff solche vnsere gedancken vnd verwunderung antwortet der Heilige Geist in dem vorgelesen Text durch den Weisen Man / mit anzeigung hoher vrsachen des wunderbarlichen Raths vnd gnedigen willens Gottes / darinnen beide Christliche Lere / warer Trost / vnd auch heilsame Warnung vnd Vermanung verfasset ist. Vnd fenget der Heilige Geist sein antwort vnd vnterricht auff vnsere betrübte verwunderung / warumb der liebe Gott also mit diesem
vnserm

vnserm fromen Christlichen hochbegabten vnd hochgelobten gnedigen Fürsten vnd Herrn also aus diesem Leben vnd Welt hin weggeeilet habe/ also an.

Der Gerechte ob er gleich zu zeitlich stirbet/ ist er doch in der Ruge/ denn er gefelt Gott wol vnd ist jhm lieb/ Seine Seele gefellet Gott darumb eilet er mit jhm aus dem bösen Leben.

Das ist ein trefflicher eddler Trost fur Hochstgedachte vnsere hochbetrübte Herrschafft vnd auch fur alle betrübte Vnterthanen in allerley Stenden/ Das Fürstliche Mutterliche vnd die Fürstliche Brüderliche vnd Schwesterliche Hertzen/ hetten jhren Hertzallerliebesten Son/ vnd jhren Hertzallerliebesten Herrn Bruder bey sich in diesem Müheseligem Leben zu jhrem trost hertzlich gerne behalten/ den solche hertzliche liebe bringet diese grosse trawrigkeit vnd betrübnuß/ damit jhrer Fürstlichen gnaden Mutterliche vnd Brüderliche vnd Schwesterliche Hertzen also schwerlich sind verwundet/ vnd welcher trübnuß alle getrewe Vnterthanen Hohes vnd Nidriges Geistliches vnd Weltliches Standes/ mittheilhafftig die seine F. G. auch hertzlich gerne zu trost vnd zur beschützung in der Regierung

B iij   dieser

dieser Fürstenthumen vnd Landen bey sich in diesem Leben behalten hetten / Aber dagegen haltet vns der Heilige Geist fur eine andere viel höher vnd grössere Liebe / Nemlichen die vnaussprechliche vnd vnbegreiffliche Liebe des Allmechtigen Gottes vnd Himlischen Vaters / welche so gros ist / das derselbige billich alle andere Veterliche vnd Mutterliche / Brüderliche vnd Schwesterliche Liebe / Ja alle Menschliche Liebe sol weichen / also das wir mit vnser Liebe an jennige Creatur / wie lieb vns dieselbige auch sein mag oder kan / der Göttlichen Liebe nicht sollen widerstreben / Sondern vnsere Liebe williglich vnd gehorsamlich der Göttlichen Liebe vnterwerffen sollen / das wir den lieben Gott durch vnd mit seiner vnaussprechlicher Liebe ohne vnsere murren vnd vngeduldt alles lassen machen wie es ihme in seiner vnermeßlichen Liebe gefellet vnd behaget / vnd in willigem gehorsam vnd gedult des Glaubens / alle zeit mit dem Heiligen Job dazu sprechen / Als es dem HErrn gefallen hat / also ist es geschehen / der Name des HErrn sey gelobet.

Aus diesem Fundament der vnaussprechlichen Liebe Gottes tröstet nun vns der Heilige

Geist

Geist in den vorgelesenen Worten der Weißheit
also / Ich weis wol das die grosse Liebe in dem
Fürstlichem Mutterlichem auch in den Fürstlich
en Brüderlichen vnd Schwesterlichen Hertzen /
auch in den Hertzen aller getrewen Vnterthanen diesen Gottseligen frommen Fürsten vnd
Herrn gerne bey sich auff Erden im Leben behalten hette / Aber dieser Gottselige frommer Fürst
vnd Herr ist dem lieben getrewen Gott vnd
Himlischen Vater in seinem lieben Son JEsu
Christo noch vnaussprechlicher weise vnd masse
viel lieber / welche vnermeßliche grosse Liebe der
getrewe Gott vnd Himlischer Vater nach seinem
gnedigen vnerförschlichem Rath vnd willen dar
an hat beweiset vnd sehen lassen / das seine Gött
liche Liebe auff diß Junge Fürstlich Christlich
fromme Hertze / als auff einen Außerwelten
Heiligen Gottes in gnad vnd Barmhertzigkeit
ein gnediges Veterlich auffsehen gehabt hat / vñ
derhalben aus solcher grossen Veterlichen liebe
nicht hat lenger wollen lassen bleiben in dem
Elenden Müheseligen Leben dieser letzten bösen zeit der argen Welt / Sondern hat mit
ihm / als seinen Hertzlieben Sohn in Christo
Jesu / also eilends hin weg geeilet in die Himlische

lische Ruge vnd frewde des ewigen Lebens / da
seine Fürst. Gnad. nicht sein in der Müheseligen vnd gefehrlichen gemeinschafft vnter den
Sündern / Sondern da seine F. G. sein in der
frölichen herlichen vnd Heiligen gemeinschafft
der Allerheiligsten Dreyfaltigkeit / vnd aller lieben Engeln vnd Heiligen. Derwegen ist ja billich vnd gebüret sich das jhr der grossen vnaußsprechlichen Göttlichen Liebe / die er durch seinen gnedigen Rath vnd willen an diesem Gottseligen vnd frommen Christlichen Fürsten vnd
Außerwelten Heiligen hat erzeiget / die Ehre
geben vnd thun / das jhr alle samptlich vnd sonderlich ewre Mutterliche / Brüderliche vnd
Schwesterliche liebe / vnd sonsten alle ewre
Menschliche Liebe / sampt der schweren betrübnuß die jhr aus solcher Liebe empfinden vnd fülen / der Hohen vnaußsprechlichen Göttlichen
Liebe / mit gedüldigem gehorsam / in warer anruffung vnd glauben zu dem HErrn Jesu Christo vnterwerffet / vnd durch diesen Trost der Liebe Gottes / Ewre schwere trübnuß die aus ew-
rer Liebe herfleüsset / vberwindet / Wie der Apostel S. Paulus leret vnd vermanet zun Rö-
mern am 8. Capittel / da er die schwere stücke
erzelet

erzelet damit die Christen in diesem Leben werden geengstiget vnd betrübet / Vnd darauff
spricht / in diesen allen oberwinden wir durch
den der vns geliebet hat / denn ich bin gewiß /
das weder Tod oder Leben / weder das jegen-
wertige oder zukünfftige / vns scheiden mag von
der liebe Gottes / die ist in Christo Jesu vnserm
HErrn.

Dieses Trostes haben wir auch in diesem
Hochgedachten Gottseligen gnedigen Fürsten
vnd Herrn in seiner Fürstlichen gnaden Kranckheit vnd Todtbette ein mercklich vnd tröstlich
Exempel gesehen / Nemblich wie nach dem edlen
Spruch des Heiligen Apostels in der Epistel an
die Römer im 5. Capittel / die liebe Gottes in
das junge Christliche Fürstliche Hertze / durch
den Heiligen Geist war ausgegossen / also das
seine Fürst. Gnad. mit grosser verwunderung
aller der jenigen so bey seiner F. G. vmbgingen
vnd mit ihren diensten auffwarteten / nicht allein aller beghirlicheit vnd liebe der herlicheit dieser Welt vnd Lebens / gentzlichen vergessen / sondern auch die schwere wehetage vnd schmertzen
der langwirigen Kranckheit zu sampt der angst
des Todtes gentzlich oberwunden hetten / vnd

C   vor-

vórnemlich die letzten drey Tage / mit gutem
Chriſtlichem vullem verſtande durch waré glauben aus empfindlicher wirckung des heiligé Gei-
ſtes der gewißlich in dem Chriſtlichen Hertzen
wanete vnd das mit ſeiner gnade vnd Krafft erfüllet hatte / nirgends anders wo von redeten /
auch nirgends anders von zu hören begerten/als
von dem getrewen lieben Gott vnd ſeinem Ein-
gebornen Sohne JEſu CHriſto vnſerm lieben
Herrn vnd getrewen Heiland vnd Erlöſer / vnd
von den herlichen Troſtſprüchen die der Heilige
Geiſt vns zu warem Troſt in der Heiligen Bibel
hat furgeſchrieben zu ſampt den verheiſſungen
des ewigen Lebens vnd frölicher Aufferſtehung
zur ewigen frewde vnd herligkeit.

Da ſeine F. G. das letzte mal fur ſeiner F.
G. Gottſeligem Heiligen Abſcheide empfingen
die Heilige Abſolution vnd das Heilig Abendmal des waren Leibs vnd Bluts vnſers HErrn
Chriſti / fur vns gegeben vnd vergoſſen zur vergebung der Sünden/waren ſeine F. G. im Gei-
ſte hertzlich getroſt vnd erfrewet / vnd theten eine
ſchone Chriſtliche Bekentniſſe der reinen Lere
vnd Glaubens vom heiligen Abendmal vnd Te-
ſtamente des HErrn JEſu CHriſti / aus des
HErrn

HErrn JEsu Christi einsetzung vnd Worten/
vnd aus dem heiligen Catechismo Lutheri den
seine F. G. von Jugend auff gelernet hatte/zum
gewissen Zeugnuß das seine F. G. in solchem
waren reinen glauben des Testamentes JEsu
Christi bestendiglich durch die gnade vnd Krafft
des heiligen Geistes bedacht waren zu leben/So
der liebe Gott lenger Leben gegünnet hette / oder
in solchem waren glauben Seliglichen einzusch-
laffen.

Wan seiner F.G. die Trostsprüche vnd ver-
heissunge wurden furgesaget/ wusten seine F.
G. dieselbige alle auswendig nachzusprechen/
vnd mit dem Tröstlichen gebete zubeschliessen/
*In manus tuas Domine commendo Spiritum meum, Redemisti
me Domine Deus veritatis.* HERR in deine Hende
befehle ich meinen Geist du hast mich erlöset du
getrewe Gott / Amen. damit seine F. G. den
gewissen glauben vnd zuuersicht des Hertzens
bekanten vnd zuuerstehen geben.

Wan seine F. G. die Trost vnd Bedtpsal-
men aus dem Heiligen Psalter Dauids worden
fürgelesen/ streckten seine F. G. aus grosser beghirlicheit des Geistes in der grossen schwacheit
selbst

selbst die Hand aus/ vnd zogen den Psalter zu sich fur die Augen/ das seine F. G. nicht allein die Tröstlichen Sprüche vnd die Gebete der Psalmen anhören/ sondern selbst mit lesen vnd sprechen konten.

Wan auch ein zeitlang mit dem lesen war auffgehöret/ alsdan förderten seine F. G. selbst/ das der Psalter solte widergebracht vnd daraus fürgelesen werden/ Vnd wann etliche besondere tröstliche Verß mit kurtzer erklerung zum Troste worden außgelegt/ hetten seine F. G. sonderliche frewde vnd trost vnd erquickung daran.

Wan das Heilige Vater vnser sampt den Heiligen Artickeln des Christlichen Glaubens vnd andern Christlichen Gebeten worden gebetet vnd gesprochen mit lauter Stimme/ als beteten seine F. G. allezeit auch mit verstendtlicher/ doch auffs letzte mit schwerer Sprache.

Do auch seine F. G. gefraget ward als die letzten Züge sich vernemen liessen/ Ob auch seine F. G. den getrewen Erlöser Heiland vnd seligmacher Jesum Christum mit festem glauben in dem Hertzen hette vnd veste hielten/ vnd das warhafftig vertrawen des Ewigen Lebens vnd Seligkeit festiglich auff ihn gesetzet hetten/

Ant.

Antworten seine F. G. mit gantz schwerer doch
verstendlicher sprache. Wan ich das nicht thete
so were ich schlimmer als ein Hundt.

Mit welchen Worten seiner F. G. Hertz-
allerliebester Herr Vater vnser gnedige Gottsa-
lige Elter Fürste vnd Herr Christlicher vnd Heiliger gedechtnuß fur dreien viertheil Jares auff
dieselbige frage fur seiner F. G. Seligen vnd
Heiligen Abscheide auch antwortete / welches
wol Christliches anmerckendes wirdig ist.

Insonderheit widerholeten seine F. G. offt-
mals biß in den letzten Odem diese schonen Trost
Sprüche Johannis am dritten / den Tröstlich-
en Gülden Spruch Christi des Sons Gottes.
Also hat Gott die Welt geliebet / das er seinen
Eingeborn Sohn gab auff das alle die an jhn
gleüben nicht verlorn werden / sondern das ewige Leben haben / Denn Gott hat seinen Sohn
nicht gesandt in die Welt / das er die Welt rich-
te / sondern das die Welt durch jhn selig werde.
Johannis am fünfften Capittel. Warlich warlich ich sage euch / Wer mein Wort höret / vnd
gleübet dem der mich gesand hat / der hat das
Ewige Leben / vnd kümpt nicht in das Gerichte/
sondern er ist vom Tode zum Leben hindurch ge-

C iij   drun-

drungen. Johannis. 6. Das ist des Vaters wil-
le der mich gesand hat / das wer den Sohn sihet
vnd gleübet an jhn / habe das Ewige Leben/ vnd
ich werde jhn aufferwecken am Jüngsten Tage.
Matthei 11. sagt Christus/ Kompt her zu Mir
alle die jhr Müheselig vnd beladen sind / ich wil
Euch erquicken.

1. Timo. 1. Das ist gewißlich war vnd ein
thewr werdes Wort / das Christus Jesus kommen ist in die Welt die Sünder selig zu machen.

Johan. 10. Meine Schaffe hören meine
Stimmen / vnd ich kenne sie vnd sie folgen mir/
vnd ich gebe jhnen das Ewig Leben/ vnd sie werden nimermehr vmbkomen / vnd Niemand wird
sie aus meiner Hand reissen/ der Vater der sie
mir gegeben hat ist grösser denn alles / vnd Niemand wird sie aus meines Vaters Hand reissen
Ich vnd der Vater sind Eins.

Johannis 17. Vater Ich wil das wo Ich
bin / auch die bey mir seien die du mir gegeben
hast / das sie meine Herligkeit sehen die du mir
gegeben hast.

Vnd allezeit so offt seine F. G. solche Trost
Sprüche anhörten vnd selbs mit sprachen / sag-
ten seine F. G. mit sonderlicher Christlicher an-
dacht

dacht darauff das Tröstliche gleübige Wort
AMEN, mit diesen kurtzen Gebeten. Christe
du Lamb Gottes erbarme dich vnser. Vnd /
In manus tuas Domine commendo Spiritum meum, Redemisti
me Domine Deus veritatis. HErr in deine Hende befehle ich meinen Geist / Du hast mich erlöset du
getrewer Gott. Vnd / HErr Jesu nim meinen
Geist auff zu dir.

    Also hat Hochgedachter vnser gnediger F.
vnd Herr Gottseliger löblicher vnd Heiliger gedechtnuß den Christlichen lauff seines kurtzen lebens vnd kurtzer Regierung / in warem glauben
vnd anruffung Gottes vollnbracht / vnd ist also
im HErrn Jesu Christo sanfft vnd Selig einge-
schlaffen/ des Heilige Seele ist vnd lebet bey dem
HErrn Jesu in der Himlischen Ruge friede vnd
frewde/den heiligen Leichnam bringen wir itzunder auch in seine Heilige Schlaffkamer biß zu
der frölichen Aufferstehung am Jüngsten Tage.
Der liebe Barmhertzige vnd getrewe Gott ver-
liehe vns allen / das wir seiner F. G. durch gleichen glaubigen Christlichen vnd Heiligen Ab-
schied aus diesem Jamerthal in die Ewige Wo-
nung vnsers Himlischen Vaterlandes / die vns
vom Son Gottes vnserm lieben JEsu Christo
bereitet sind/ mügen folgen / wan vns der liebe
                                      Gott

Gott einen jedern zu seiner zeit gnediglichen nach seinem willen essehen wird.

Vnd das ist nun auch nach gelegenheit der zeit gnug gesagt vom ersten Theil des vorgelesenen Textes / Nemlich das der Almechtige Gott vnd Himlischer Vater diesen vnsern Gottseligen Gned. Fürst. vnd Herrn aus grosser liebe seines gnedigen vnerförschlichen Raths vnd willens in der blühen der Fürstlichen Jugend hat weggenomen / vnd also mit seiner F. G. aus dieser argen Welt / nach dem Himlischen Leben / Ruge friede vnd frewde geeilet hat.

Nun setzet der Weise Man ferner hin zu eine treffliche vnd merckliche Vermanunge / Vnd spricht : Aber die Leüte die es sehen achtens nicht vnd nemens nicht zu Hertzen / das die Heiligen Gottes in gnad vnd Barmhertzigkeit sind / vnd das er ein auffsehen auff seine Außerwelten hat / Das ist eine treffliche vermanung das wir nicht sollen gedencken / es geschehe ohn vrsache vnd one auffsehen vnd gnedigen rath vnd willen Gottes / wan solche tödliche velle fromer heiliger Regentê vnd anderer Christen widerfaren / sondern das wir in solchen vellen sollen in acht vnd betrachtung nemen die vrsachen welche der Heilige Geist

im

im vorgelesenen Text hin zusetzet / das wir daraus mügen bedencken den Veterlichen Rath vnd
gnedigen willen Gottes / vnd das getrewe Ve-
terliches auffsehen auff seine Außerwelten Heiligen / das wir damit vns sollen trösten vnd daraus auch lernen sollen die gefehrlicheit dieses Lebens zuerkennen / auff das wir desto fleissiger
wachen vnd beten / das vns der liebe Gott nicht
lasse fallen in versuchung / sondern von allem
vbel erlöse. Der weise Man erzelet drey vrsachen / vnd der Heilige Prophete Esaias setzet die
Vierde / welche wir nach ein ander auffs kurtzest
bedencken wollen.

Die Erste vrsache ist in diesen Worten. Er
wird hingeruckt / das die bößheit seinen verstand
nicht verkere. Die vrsache gehet auff den verstand der Regierung / welcher verstand ist in
Christlichen Regenten eine besondere gnade vnd
gabe Gottes / welche der heilige Köning Dauid
in seinen Psalmen hoch lobet / rhümet vnd prei-
set / vnd welchen verstand auch sein Son König
Salomon von vnserm HErrn Gott bittet im
dritten Buch der Könige am 3. Capittel.

Nu HErr mein Gott / du hast deinen Knecht
zum Könige gemacht an meines Vaters Da-

D   uids

uids ſtat / So bin ich ein kleiner Knabe / weis nicht mein Außgang vnd Eingang / So wolteſtu deinem Knecht geben ein gehorſam hertz / das er dein Volck richten müge / vnd verſtehen was gut vnd böſe iſt / denn wer vermag dis dein mechtig Volck zu richten ? Auff welch Gebett er auch dieſe tröſtliche gnedige Antwort bekümpt. Vnd Gott ſprach zu jhm / Weil du ſolches bitteſt / vnd bitteſt nicht vmb langes Leben / noch vmb Reichthumb / noch vmb deiner Feiende Seele / Sondern verſtand Gericht zu hören / Sihe / ſo habe ich gethan nach deinen Worten / Sihe ich habe dir ein weiſes vnd verſtendiges Hertze gegeben / das deines gleichen vor dir nicht geweſen iſt / vnd nach dir nicht auffkommen wird.

Nun rhümet von vnſerm Gottſeligen gnedigen Fürſten vnd Herrn jederman / der mit ſeiner Fürſt. Gnad. in dieſem kurtzen anfange der Regierung iſt vmbgangen / das ſich die Göttliche gabe des Hohen Fürſtlichen vnd Chriſtlichen verſtandes in dieſem kurtzen Anfange rhümlich in ſeinen Fürſt. Gnad. erweiſet hat / zu förderung der Ehre Gottes / vnd warer Religion vnd Chriſtlicher Lere in Kirchen vnd Schulen /

len / zu erhaltung guter disciplin vnd Zucht /
vnd zur administration der Gerechtigkeit vnd
des Gerichtes / auch mit sonderlicher Gnad
Barmhertzigkeit vnd gütigkeit gegen die armen
Vnderthanen / also das alle Vnderthanen hohes vnd nidriges Standes aus dem Christlich-
en vnd löblichem anfange der Regierung grossen
wolgefallen vnd hoffnung geschöpffet hatten.

Wer aber der Historien beide in Heilliger
Schrifft vnd in andern Büchern / vnd der erfa-
ringe Exempel betrachtet / der findet das auch
bey frommen Regenten grosse fehrligkeit ist in
der mannigfatligen Regierung / Also das auch
bißweilen der aller besten Regenten verstand in
den vberflüssigen teglichen hendeln verkeret wird
das von der Richtschnur der Zehen Gebott
Gottes / dahin alle andere Gesetze vnd die gantze Regierung soll sein gericht / wie der liebe Gott
den frommen Josua im Ersten Capittel herlich
vermanet / bißweilen abgewichen wirdt.

Das ist auch dem Heilligen Propheten vnd
König Dauid in seiner Regierung widerfaren/
das durch den bößhafftigen Knecht des vnschüldigen Mephibosets Jonathas Sohn / mit lü-

D ij   genhaff-

genhafftiger verleůmdung wie er nach Dauids
Rőnigreich stunde / sein verstand verkeret ward/
das er dem Lügener vnd Verreter seines Herrn
gleůbte vnd ihme vors Erste des vnschůldigen
Mephibosets alle seine gůter / darnach do er des
Mephibosets seine entschůldinge gehőret/ gleich-
wol seine halbe gůter gab / im andern Buch der
Rőnigen am 16. vnd 19. Capittel.

Ist solches dem Heiligen vnd weisen Rőnig
Dauid widerfaren / das sein verstand durch des
Verreters Siba falsche verleůmdung ist verkert
worden / gegen seine eigene Wort die er im 101.
Psalm von seiner Regierung gesetzt hat / Der
seinen Negsten heimlich verleůmbdet den vertilge
ich / So kan dasselbig auch wol andern fromen
Regenten wiederfaren / dan die schwacheit des
Fleischs ist auch in den fromen groß / vnd der
Teůffel blest zu auff das er auch die fromen zu
falle bringe / Wer aber aus dieser argen bősen
Welt/ aus der gemeinschafft der Sünder zu der
Himlischen gemeinschafft der lieben Heiligen ist
weggenomen / der ist von solcher gesehrligkeit
wol erlőset.

Folget die andere vrsache in diesen Wor-
ten/Er ist hingerucket das nicht falsche Lere seine
Seele

Seele betriege / Diese vrsache gehet auff die
Christliche Lere vnd heiligen glauben / welch vnser höchste schatz vnd eddelste Kleinod ist / dann
darauff stehet vnsere ewige Seligkeit / Vnd kan
derhalben keine verfelschung oder betrug leiden /
sondern muß rein vnd lauter durch die Gnade
vnd hülff des Heiligen Geistes bewaret vnd behalten werden / Wie der Heilige Johannes spricht in seiner andern Epistel / Wer vbertrit vnd
bleibt nicht in der Lere Christi der hat keinen
Gott / Wer in der Lere Christi bleibet / der hat
beide den Vater vnd den Son / Vnd im Achten
Capittel des Euangelij Johannis stehet also geschrieben.   Jesus sprach zu den Jüngern die an
jhn gleubten / So jhr bleiben werdet an meiner
Rede / so seid jhr meine rechte Jünger / vnd werdet die Warheit erkennen vnd die Warheit wird
euch frey machen.

Nun weis aber ein jeder Christe wie der
Son Gottes selbst im Euangelio Matthei / vnd
der Heilige Geist durch die Apostel / vns Christen warnet fur der gefehrligkeit falscher Lerer / vnd lere / vörnemlich in diesen letzten zeiten
der argen Welt / Dan auff das die falschen Lerer auch die fromen einfeltigen vnd rechtglaubi-

gen Christen mügen anfechten vnd jhre Seelen betriegen / Kommen sie nicht in Wolffes gestalt sondern kommen in Schaffskleidern / vnd stellen sich als Diener des HErrn Christi vnd Prediger der Gerechtigkeit / Gleich wie der Teüffel wenn er wil betriegen vnd verfüren / verstellet er sich in einen Engel des Liechtes / Matthei. 7. 2. Cor. 11.

Daher kompts das auch offt die jenigen nicht allein vnter dem gemeinen hauffen / Sondern auch vnter grossen Herrn vnd Regenten die es in einfeltigem waren Glauben / mit Christlichem eiffer getrewelich meinen / durch solchen schein irre gemacht vnd betrogen werden / Darunter doch der getrewe Gott ohn allen zweiffel fromme einfeltige Hertzen vnd Seelen / welche die betriegereye vnd falscheit nicht mercken in jhrem simpeln einfeltigen Glauben des reinen Göttlichen Wortes auch vnter den betrieglichen Lerern erhelt / vnd das sie mit verfürischer Lere welche sie nicht mercken / nicht beschmittet werden / gnediglich bewaret / Exempel dieser gefehrlicheit haben wir in kurtzer zeit viele erfaren / vnd sollen billich dem lieben Gott von Hertzen Dancken / das er dieser Königreiche vnd Fürstenthumen

thumen Kirchen so gnediglich vnd Veterlich biß
auff diesen Tag dafur behütet hat/der liebe Gott
wolle dieselbigen auch ferner behüten / vnd bey
reiner Lere vnd Glauben erhalten vmb seines lie=
ben Sons Jesu Christi vnsers HErrn willen/
Amen.

In der Bibel finden wir ein erschrecklich
Exempel vom König Salomon/den Gott mit
fürtrefflichen gaben des Heiligen Geistes sehr
herlich hatte begabet/also das wir seine Bücher
die durch den Heiligen Geist von ihme geschrie=
ben sind/ in vnser Heiligen Bibel haben/vnd al=
le Tage lesen / auch dieselbigen neben anderen
Schrifften des Heiligen Mosis vnd der Heili=
gen Propheten vnd Aposteln fur das warhaff=
tig Wort Gottes halten vnd gleüben.

Desselbigen Königs Salomons Seele ist
in seinem Alter von seinen Weibern betrogen
worden/das er hat verlassen den waren Gott
vnd sein Heilig Wort / den er zuuorn in warem
Glauben erkennet/ angeruffen/ geprediget/ vnd
ihme gedienet hatte/dem er auch zu seinen Ehren
vnd dienste nach Göttlichem befehl den herlichen
Tempel zu Jerusalem gebawet / denselbigen mit
seinem andechtigem Christlichem vnd Heiligem
Gebett

Gebett selbst eingeweihet/vnd mit allerley Emp
tern zum waren vnd rechten Gottesdienst be-
stellet vnd verordnet hatte / Vnd hat dagegen
sich begeben zu den Heidnischen Abgöttern / das
ist / wie die Heilige Schrifft saget / zu den Teu-
feln / vnd denselbigen zu Ehren vnd dienst vnter
dem Volck Gottes Teüfflische Abgötterei of-
fentlichen angerichtet / Das erschreckliche Exempel ist vns in der heiligen Bibel durch den heiligen Geist darumb zur gedechtnuß furgeschrieben / das ein jeder Christ / vnd insonderheit Ho-
he Christliche Potentaten / Fürsten Herrn vnd
Regenten / daraus sollen die grosse gefehrligkeit
dauon gesaget ist / bedencken / vnd dagegen in
warem Glauben vnd anruffung Gottes wach-
en vnd beten / das der liebe Gott vns wolle in
warer reiner Lere des Christlichen Glaubens /
vnd bey dem reinen Gottesdienste in der waren
Christlichen Religion gnediglich erhalten / vnd
fur des Teüffels vnd aller falschen Lerer betrug
vnd verfürung bewaren/Vnd wan wir befinden
das der liebe getrewe Gott frome Christen Hohes vnd nidriges Standes/Regenten oder Vnderthanen / so die reine Lehre des Christlichen
Glaubens durch die gnade des Heiligen Geistes
in

in jhrem Hertzen gefasset haben / zeitlich aus solcher gefahr / in warer Erkentnuß Jesu Christi / vnd waren reinen glauben wegnimpt / als mit diesem vnserm Gottseligen Gnedigen Fürsten vnd Herrn durch den gnedigen Rath vnd willen Gottes geschehen ist / Das wir vns dan auch sollen trösten dieser vrsachen in den Worten des Heiligen Geistes / Er ist weggeruckt / das nicht falsche Lere seine Seele betriege.

Von der Dritten vrsachen stehet im vorgelesenen Text also. Die böse Exempel verfüren / vnd die reitzende lust verkeret vnschüldige Hertzen. Diese vrsache sihet in das tegliche Leben in dieser Welt / darin alle junge Leüte / so wol die grossen Herrn als andere in jeglichem Stande müssen hen intreten / Denn der in der Welt lebet / der mus auch mit den Leüten die in der Welt sind vmbgehen.

Da wird selten was gutes gesehen oder gehöret / dann die Welt ist voll böser Exempel allerley Sünden vnd vntugend / wider die Zehen Gebott Gottes / Vnd das Menschliche Fleisch ist / wie die Schrifft sagt / von Jugend auff zum bösen geneigt / Daraus folget / das Junge Leüt in allerley Stenden stecken in dieser Welt in der

gefahr /

gefahr / das sie durch böse Exempel / dadurch die reitzende lust die im Fleische steckt wird erreget / leichtlichen können zu Sünden verfüret / vnd von dem vnschüldigen Leben / darinnen sie von jhren Christlichen Eltern sind erzogen abgeleitet / vnd mit Sünden befleckt werden.

Ist derhalben auch in dieser vrsache ein guter Trost gegen die trübnuß vber solche vnzeitige Todten / die in jhrer vnbefleckten vnschüldigen Jugend von dem lieben Gott sind aus den bösen Exempeln dieser argen Welt weggerissen / vnd also von der reitzenden lust des Fleisches sind erlöset worden / Welchen Trost auch der HErr Christus mit einschleüst in diese Wort / Matthei 5. Selig sind die reines Hertzen sind / denn sie werden Gott schawen / Vnd Dauid sagt im 119. Psalm / Wol den die ohne wandel oder befleckung leben / Vnd in der Offenbarung Johannis stehet geschrieben / diese sind die nicht befleckt sind / vnd folgen dem Lamb nach wo es hin gehet.

Die Vierde vrsache setzet der Heilige Prophete Esaias am 56. Capittel. Die Gerechten werden weggerafft fur dem vnglück / vnd die richtig fur sich gewandelt haben kommen zu friede / vnd

de / vnd rugen in ihren Kamern / Vnd im 2 6.
Capittel. Gehe hin mein Volck in eine Kamer/
vnd schleuß die Thür nach dir zu / verbirge dich
ein klein Augenblick/biß der Zorn für vber gehe/
denn sihe der HErr wird ausgehen heimzusuch-
en die bößheit des Landes vber sie.

Diese Vierde vrsache ist zum beschluß nicht
allein ein Trost fur vnsere Hochgedachte Hochbetrübte gnedige Fürstin vnd Fraw vnd vor vnsere gnedigste vnd gnedige Fürsten vnd Herrn /
Fürstinnen vnd Frewlin / vnd auch vor vns alle
die wir billich leidt tragen vnd im hertzen betrübt
sein vmb den onzeitlichen Todt vnsers Gottsali-
gen gnedigen Fürsten vnd Herrn/ Nemblichen
wie wir auch zuuorn gehört haben / das seine F.
G. Heilige Seele ist gekommen zu der ewigen
Himlischen Ruge / friede / vnd frewde/ vnd das
der heilige Leichnam auch wird itzunder gebracht
in die Heilige Schlaffkamer zu seiner Fürst. G.
Herrn Großuater/ Fraw Großmutter/ Herrn
Vettern/ Herrn Hertzallerliebsten Vater/ Herrn
Gebruder vnd Schwester / mit welchen seine F.
G.Leichnam daselbst biß an den Jüngsten Tag/
in der bewarung Jesu Christi rugen/ vnd dann
mit ihnen vnd allen Christgleubigen der fröli-

chen zugesagten Aufferstehung zu der herligkeit
vnd frewd des ewigen Lebens geniessen werden.

Sondern es ist auch in dieser vrsache eine
Göttliche getrewe Veterliche weissagung / Vermanung vnd warnung an vns alle die wir nach
dem willen Gottes hie auff Erden nach bleiben/
so lange es dem HErrn behaget/ Nemlichen das
beider vnser Gottseligen gnedigen Fürsten vnd
Herrn / auch vnser Gottseligen gnedigen Fürstinnen vnd Frewlin Christliche Abscheide in diesen dreien viertheil Jares / verkündigen vns das
Gottes Zorn vnd straff / vnd gros vnglück vber
das Land verhanden ist / Denn darumb habe
der Himlische Vater Jhre F. G. zuuorn aus
sonderlichem Rath vnd liebe weggenomen / das
Jhre F. G. solche straff vnd vnglück nicht haben
ableben vnd mit den andern fülen sollen / Dann
sagt Esaias mit mercklichen Worten / Sihe der
HErr wird ausgehen heimzusuchen die bößheit
des Landes vber sie. Diese Wort neme ein jeder zu Hertzen / den es seind ernstliche Wort des
Heiligen Geistes damit er vns vnd das gantze
Land warnet / vnd vermanet / das ein jeder in
warer Busse seine eigene bößheit vnd des gan-
tzen

ßen Landes bößheit solle bekennen / den lieben
Barmhertzigen Gott vmb vergebung der Sünden / vnd nachlassung der woluerdienten straff
anruffen / vnd in warer bekerung das sündtliche
Leben besseren / Werden wir das thun in warem Glauben an den HErrn Jesum Christum /
so wird der gnedige Barmhertzige Gott vnd
Vater vnser Gebett gnediglich erhören / vnd
wird sich in gnaden gerewen lassen des vbels das
er vber vns gedacht hatte / vnd die woluordiente straffe vmb seines Sons Jesu Christi vnsers
lieben Herrn vnd Midlers willen nachgeben vnd
abwenden.   Werden wirs aber nicht thun /
sondern in der bößheit immerdar one Busse vnd
Bekerung beharren vnd fortfaren / so haben wir
hie vnsern bescheid vnd Vrtheil / da wir vns nach
mügen richten.   Sihe der HErr wird ausgehen heimzusuchen die bößheit des Landes vber
sie. Aber wir wollen den gnedigen Barmhertzigen Gott vmb gnade anruffen vnd bitten / das
er vns vnd allen Inwonern des Landes wolle
geben die gnade des Heiligen Geistes zu war-
hafftiger Busse vnd zu andechtigem Embsigem
Gebete vnd anruffung in warem Glauben an

den Heiland vnd Midler Jesum Christum vnseren HErrn. Vnd das er alles vnglück vnd wol-
uerdiente straffe gnediglich vmb vnsers lieben
Herrn Jesu Christi willen abwenden wolle.

Das sey nun in diesem schweren Creütz
vnd grosser betrübnuß nach gelegenheit der kurtzen zeit gnug aus dem vorgelesenen Text erin-
nert zu warhafftigem Trost vnd heilsamer nü-
tzer Lere / Wollen darauff den Heiligen Leichnam Hochgedachtes vnsers gnedigen Fürsten
vnd Herrn Hochlöblicher vnd Gottseliger gedechtnuß in seiner Fürstlichen Gnaden Schlaffkamer beleiten / Vnd vnser andechtig Gebett zu
dem lieben getrewen Gott thun vor Hochgedachte vnd Hochbetrübte vnsere Gnedige Fürstin vnd Fraw / auch gnedigste vnd gnedige Fürsten vnd Herrn Fürstinnen vnd Frewlin / das
der liebe Barmhertzige Gott Jhre Fürst. G. mit
warhafftigem krefftigem Troste des Heiligen
Geistes vnd seines Göttlichen Worts wolle
trösten / in festem Glauben vnd gedult gnediglich erhalten vnd stercken / Wolle auch Jhre
F. G. in diesen Jhrer F. G. Hochbetrübten zeiten / an Leib vnd Seelen bey gutem wolstande /
guter

guter vnd langer gesuntheit/ vnd ... ngem ...
gnediglichen bewaren / vnd vo...
sorgen vnd vnglück gnediglichen v... des ...
Jesu Christi willen behüten. De... ebe gnedige
Gott wolle auch die Königlich... Maiesteten
vnd Fürstliche gnaden vnsere gnedig... vnd gnedige König / Fürsten / vnd Herrn ... ptlichen
vnd sonderlichen / vor allem vnglü... ke Leib
vnd Seelen gnediglich behüten vnd ... eware...
gesuntheit vnd lang Leben / fried v... d Eini...
keit vnd ein Christlich / Gottselig / friedsa...
Regiment gnediglich geben vnd erh... en / vmb
des HErrn JEsu Christi willen... Auff das
wir vnter solcher Christlicher friedsa...er vnd
Gottseliger Regierung / ein gerüglich vnd stilles
Leben füren mügen / in aller Gottseligkeit vnd
Erbarkeit / Wie der Apostel in der Ve...manung
zum Gebete fur die Obrigkeit erinnert/ in der
Ersten zum Timotheo am andern
Capittel. Amen.
AMEN.